MEMOIRE
DES ANTIQUES
ET AUTRES PIECES RARES ET CURIEUSES,
DU CABINET
Du feu Sieur PAUL LUCAS.

A PARIS,
De l'Imprimerie de J. B. LAMESLE, rue vieille Bouclerie, à la Minerve.

M. DCCXXXVIII.

MEMOIRE

DES ANTIQUES,

& autres Pieces rares & curieuses, du Cabinet du feu Sieur PAUL LUCAS.

UNE Cerès assise sur un Jaspe Oriental, avec sa base de Pierre de Touche; sa hauteur est de deux pieds, la tête, les mains, les pieds & les attributs sont de Bronze; son habillement est d'albâtre Oriental: on la tient un Ouvrage de Phydias.

Une Prêtresse de Diane, haute de deux pieds, tenant de la main droite une Couronne de fleurs, & de l'autre, une Panthére; le tout de Marbre blanc.

Deux Bustes Antiques de Marbre, l'un de Maximin, & l'autre d'Atys, avec son Bonnet Phrygien, revêtus tous deux d'Albâtre Oriental, couleur d'Agate; ils sont sur leurs Pieds Douche de Marbre.

Deux autres petits Bustes de Marbre, un de Scipion l'Afriquain, & l'autre de Manlius.

Une Tête d'Homere.

Un Dieu Pan, avec son Pied d'estal, & ses Attributs, qui sont la Chimere & un Outre plein de vin; le tout de Marbre blanc.

Un petit Buste de Vesta, d'environ un pied de haut, de marbre blanc.

Un Buste de Julie, fille d'Auguste, de marbre blanc.

BRONZES ANTIQUES.

UNe Lampe de quatorze à quinze pouces de haut, soutenue par trois Faunes, qui sont d'une dorure antique, sur un Pied-d'estal en triangle, où il y a une Tortue.

Un Roi Parthe, d'un pied quelques pouces.

Une Venus.

Un Prêtre d'Egypte.

Deux belles Lampes, dont une est singuliére par sa figure.

Une Déesse de la Fidélité, de huit pouces de haut.

Une Venus singuliére, qui a une ceinture de pampre de vigne, & une pomme fendue, qu'elle tient de la main droite.

Le petit Télesphore, Dieu de la Convalescence, d'environ trois pouces; ses yeux sont d'argent.

Deux Gymnosophistes, avec leurs Ornemens, & de grandes barbes qui v nt jusqu'à la ceinture.

Un Jupiter de quinze pouces de haut.

Un Cheval, dorure antique.

Un Gradin sur lequel il y a plus de soixante Dieux Lares.

Une Chévre antique, d'un beau travail.

Un Eléphant, du tems de Philippe Empereur Romain.

Deux Bustes d'Auguste & de Livie.

PIECES RARES ET SINGULIERES.

UNe Tasse de Sardoine orientale, & sa Sous-coupe.

Deux Tasses de Corne de Rhinocéros.

Un Besoar de Rhinocéros.

Un autre de Pondichéry.

Une petite Caisse de Momie, dans laquelle est le petit Embrion, chargée de Hyérogliphes.

Une Tasse de Jadde.

Un gros Bloc de Jadde, pesant près de deux cent livres.

Un Vase de Jadde en Burette.

Une Figure d'Albâtre, haute d'environ trois pieds, qui porte un Globe sur sa tête.

La Tête d'Aristote, de Marbre antique.

Sept Médailles de marbre, représentant différentes Têtes.

Deux grandes Médailles de marbre, l'une d'un Satyre, & l'autre d'une Baccante.

Sept Médailles de cuivre doré, de différentes grandeurs.

Un beau Buſte de marbre, ſur ſon Pied-douche, repréſentant une Grecque.

Une belle Tête de marbre, grande comme nature.

Deux petits Buſtes, l'un d'un Phrygien, & l'autre de Caracalla.

Un autre Buſte de marbre d'Elagabale.

Un Bas-Relief de bronze, qui repréſente Laócoon, avec ſes Enfans.

Un Enfant de bronze, d'un pied & demi de haut.

Une Diane de bronze, d'environ deux pieds & demi de haut, qui a une main ſur un Cerf, & de l'autre tire une Fléche de ſon Carquois.

Deux Cerfs, ſur leſquels ſont deux Bonzes.

Une Figure de Mars.

Une de Mercure.

Un petit Buſte de bronze, qui repréſente une Impératrice.

Une petite Laitiére de bronze.

Un beau Vaſe, d'un métail ſingulier, enrichi de Lettres Arabes d'or & d'argent.

Deux petites Têtes de bronze, l'une d'un Empereur, & l'autre d'une Imperatrice.

Un Lyon de bronze, qui a ſervi de Lampe.

Adam & Eve d'albâtre.

Un Encenſoir de bronze des Indes, ſur lequel eſt un Indien.

Un Taureau de bronze.

Un Chien de bronze.

Un petit Amour de bronze, dormant sur un lit.

Les Portraits du Roi & de la Reine, en bronze, dorez d'or moulu.

Une Romaine, de bronze doré.

Un petit Terme de bronze.

TABLEAUX.

CInq Tableaux d'Emaux de Limoges, représentans le Siége de Troye.

Une Fuite en Egypte.

Une Charité, de Grand Maître.

Des Dervis, qui font leur Priere en dansant & en tournant, jusqu'à ce qu'ils tombent.

Un, de quatre Animaux.

Un qui représente Anacréon, avec un Amour.

Un Titien, peint par lui-même sur marbre.

Le Festin des Dieux, de l'Ecole de Raphaël.

La Réveuse de Santerre, en Mignature.

Un Saint Jean, peint sur l'Albâtre.

Deux Desseins de Michel-Ange, à l'encre de la Chine.

Un du Pere Donsaques, Missionnaire.

Un Saint Jean, de l'Ecole de Raphaël.

Un de Louis XIII, un d'Anne d'Autriche, un d'Elisabeth d'Autriche ; plusieurs autres de Cour, & un de Gabriel Miron.

Un Morceau d'Yvoire, qui représente Apollon qui écorche Marsias.

Un Enfant, travaillé aux Indes d'une Dent de Poisson.

Une Visse d'Archimede.

Un Paon fait de Coquillage.

Un Modele d'un Canot des Indes.

Quatre Figures, deux grandes & deux petites, de Porcelaine du Japon.

Un Cor d'Arabes.

Une Dent de Poisson.

Une Dent de Cheval Marin.

Un Couteau de Sacrifice, damasquiné d'or.

Un Panache de Mer.

Un Serpent d'environ douze pieds de long.

Un Hérisson de Mer.

Un Dauphin.

Un Ibis d'Egypte embaumé.

Une grande Tortue.

Trois petites Tortues, toutes différentes.

Trois autres plus petites.

Trois Têtes de différens Animaux, unies ensemble.

Trois différens Becs, un de Pélican, un du Saqua, & un autre du Compas.

Un petit Crocodile.

Un Lézard.

Le Lynotós d'Egypte.

Une Ruche.

Une Queue de Poiſſon de la Mer noire.

Un Pied de Biche très-grand.

Deux Eſpadons, ou Epées de Poiſſon.

Des Fruits ſecs différens.

Ceintures & autres Curioſitez Sauvages.

Six Pierres Néphrétiques.

Une Paſſion en Albâtre.

Douze Œufs d'Autruche & autres Oiſeaux.

Trois Arcs de différens Pays.

Une Peau de Serpent ſinguliére.

Deux Pieds d'Elan.

Deux Cornes de Nerval terreſtre.

Deux Globes céleſte & terreſtre.

Boucliers, Caſques & Cuiraſſes.

Trois Raquettes pour marcher ſur la Neige.

Deux Peaux, une de Lyon & une de Tigre.

Deux Peaux, une d'un Aſne rayé, & une d'un Chevreuil à deux Têtes.

Un Lac de huit aulnes de long pour prendre des Origneaux.

Une Croix de Jeruſalem, garnie de Nacre de Perles & le Crucifix de même.

La Fabrique de l'Egliſe de Jeruſalem.

Deux Aimans Factices d'acier, & un plus petit.

Six Urnes de Porcelaine, & une du Japon.

Un Siſtre, garni de Nacre.

Deux Tambours à la Turque.

LES ARMES.

Un Mousquet de François I. garni de clous d'argent à la crosse.

Un autre. *idem.*

Un autre, fort singulier, qui tire vingt-quatre coups.

Deux Fusils rayez d'Allemagne, un à Rouet & l'autre avec sa Platine.

Un gros Mousqueton.

Une Paire de Pistolets à quatre coups chacun.

Une autre Paire *idem.* de Gaston de France, garnie d'argent; les Armes de ce Prince y sont.

Un petit Pistolet qui tire deux coups, qui n'a qu'une Platine & un Canon.

Une autre Paire unie.

Une autre petite Paire, montée en Ebéne.

Un Fusil à Ressorts.

Un Pistolet d'Espagne tout de fer.

Trois Javelots, avec leurs Etuys.

Une grande Epée de cuivre doré, & son Foureau de velours.

Un Sabre Turc, qui est une ancienne Lame de Damas, garnie de vermeil doré, & le Ceinturon garni de même.

Deux Fouets, qui servent de Pistolets.

Un Couteau de Chasse de la Chine.

Cinq différentes Lames antiques.

Cinq Fléches de Sauvages.

Un petit Mortier de Bronze, à tirer des Bombes.

Deux Carquois Turcs, remplis de Fléches.

Trois Masses d'Armes de Bois de Brésil.

Trois autres du tems des Grecs.

Une autre de fer, à trois crampons d'un côté, & de l'autre une demie Lame, qui est le Marteau d'Armes.

Deux Arbalêtes.

Un Fourniment d'yvoire, bien travaillé.

DIFFERENTES PIECES.

UNe Museliére de Chameau damasquinée d'argent.

Une Cruche de cuir à la Turque, brodée d'or.

Une Paire de Pantoufles de Perse.

Un Cabinet garni de quinze cent Médailles antiques, de grand & moyen Bronze.

Un Droguier, garni de sept cent Bouteilles, dans lesquelles il y a beaucoup de choses rares & curieuses.

Un Herbier d'environ onze cent Herbes ou Plantes différentes.

Une Suite des Papes en Médailles de bronze.

Un Dragon de bronze.

Un Miroir Turc, garni de Nacre, &

la Bordure remplie de Sentences Turques & Arabes.

Trois Figures de Pierre de Lars des Indes.

Deux Nautiles bien travaillées.

Un Vaiſſeau de Criſtal de Roche.

Un petit Seau de la même matiére.

Deux Flacons. *idem.*

Deux Têtes antiques de marbre, adoſſées.

Une Pierre, où eſt repréſentée la Coupe des Pyramides d'Egypte.

Un Vaiſſeau de cinquante Piéces de Canon, avec tous ſes Voiles & Agrets, en petit.

Une Galére.

Environ cinquante petits Blocs de Sardoine, Cornalines, Jaſpes, Floride, Ver & Jadde.

Environ cent petites Pierres, de Taliſmans, Cornalines, Peridos, & Agates.

Un grand nombre d'autres à faire des Tabatiéres, & autres Ouvrages.

Environ cent Caillous d'Egypte, brutes.

Pluſieurs Végétations.

Un Ouvrage d'yvoire, bien délicatement travaillé.

Deux Têtes de marbre.

Environ quatre cent Médailles d'argent.

Un Squelete de Femme, avec ſon Embryon.

125 FIN.

la veuve Demeure Rue St honoré Entres les Pilliers des hales et la rue des Prouvaires A Paris

www.ingramcontent.com/pod-product-compliance
Lightning Source LLC
LaVergne TN
LVHW010310230826
846091LV00007B/3089

* 9 7 8 2 0 1 3 7 0 2 0 9 6 *